AF227290

LE

PEUPLE FRANÇAIS

A L'EMPEREUR

PARIS

E. DENTU, LIBRAIRE-ÉDITEUR

PALAIS-ROYAL, 13 ET 17, GALERIE D'ORLÉANS

—

1861

Tous droits réservés

LE
PEUPLE FRANÇAIS
A L'EMPEREUR

———•———

Paris, 15 octobre 1861.

Sire;

Il y aura bientôt dix ans, quand vous avez fait le coup d'État de l'Ordre, j'entendais toujours bourdonner à mes oreilles les clameurs de l'émeute du 15 mai et les rugissements de l'insurrection du 24 juin. Le jour où vous avez déchiré la constitution de 1848 et dispersé l'assemblée de 1849, je frémissais encore d'épouvante au souvenir des fiévreux emportements de la presse du 24 février, des prédications socialistes du palais du Luxembourg, des ateliers nationaux du parc de Monceaux et des discours incendiaires du Palais-Bourbon.

Je suis brave! mais les plus vaillants tremblent devant les fantômes; j'avais peur des revenants de 1793 et, par effroi de l'Anarchie, je brisai la statue de la Liberté.

Je vous ai acclamé pour mon souverain avec enthousiasme; je vous ai livré ma fortune, mon honneur, ma vie avec joie; je me suis fait votre sujet avec amour. Tout le pouvoir que vous m'avez demandé, je vous l'ai donné, sans marchander et sans compter. Vous vous appeliez Napoléon.

Plus heureux que M. Laffite, je n'ai pas à demander pardon ni à Dieu, ni à la Postérité de mon vote. Je n'ai ni remords, ni repentir, et si j'étais au 2 décembre 1851, ce que j'ai fait, je le referais avec le même enthousiasme, le même amour, la même joie.

Mon dévouement pour vous a été immense; mais votre sollicitude pour moi l'a égalé. Si je vous ai beaucoup accordé, vous m'avez beaucoup rendu. Vous me devez le pouvoir suprême, je vous dois le bien-être et mon émancipation politique. Vous m'avez restitué le calme; vous avez ressuscité ma gloire; vous m'avez mis à la main l'outil de l'ouvrier qui me fait riche, et l'épée du soldat qui m'a fait grand.

Les désastres et les traités de 1814 et de 1815, avaient fait à mon légitime orgueil une profonde blessure, que tous les progrès et toutes les prospérités d'une paix de quarante années n'avaient pu cicatriser. Je souffrais de cette blessure. Vous le saviez, et vous m'avez envoyé dans les champs de la Crimée; vous m'avez conduit dans les plaines de la Lombardie. J'ai déjà vaincu deux de mes vainqueurs. J'ai dépensé beaucoup de mon or et beaucoup de mon sang, mais je suis à demi vengé.

Quelque chose cependant me manque, qui gâte tous mes bonheurs et tous mes triomphes, quelque chose qui est à la gloire et à la puissance ce que la saveur est au fruit, ce que le parfum est à la fleur; quelque chose qui est pour une nation ce que le soleil est pour la terre; quelque chose enfin qui est pour l'intelligence ce que le sang est pour le corps où il circule, et où, en circulant, il communique l'activité, il répand la vie. Ce quelque chose, c'est la Liberté.

J'ai la liberté de conscience ; mais je n'ai ni la liberté d'enseignement, ni la liberté d'association, et toutes les libertés sont sœurs, comme tous les despotismes sont frères.

Je possède la liberté d'industrie ; mais, par une étrange anomalie, dans un siècle d'abolition de tous les priviléges et de tous les monopoles, je ne puis ouvrir, à mes risques et périls, ni un magasin de librairie, ni un atelier d'imprimeur, ni une salle de spectacle, ni un bureau de journal.

La Constitution me garantit la liberté de pensée ; mais des règlements spéciaux entravent cette liberté dans toutes ses manifestations pratiques.

Je puis publier mes opinions dans un livre ; mais le libraire qui me prête son nom et l'imprimeur qui me fournit sa presse engagent leur responsabilité personnelle et matérielle dans cet acte de leur profession. Ils partagent avec moi des risques d'amende et de prison auxquels je ne dois plus m'exposer lorsque je ne suis plus seul à les courir, et la nécessité où je suis de ménager des intérêts qui ne sont pas les miens, annule, en fait, la faculté que la loi m'accorde, en principe, de formuler mon avis sur les hommes et les choses du gouvernement.

Je puis donner à mes idées la forme plus saisissante d'un drame ou d'une comédie, afin de prêter à mes enseignements, à mes critiques, ainsi que Molière et Voltaire l'ont fait sans entrave, l'attrait particulier des œuvres de la scène. Mais je rencontre à la porte du théâtre un censeur qui peut en interdire l'entrée à ma pensée trop virile et trop indépendante, avant que le public ait pu l'entendre et la juger, la condamner ou l'absoudre.

Je puis discuter dans les journaux existant toutes les questions qui appartiennent au domaine de la philosophie, de l'histoire, de la morale et de la religion, toutes celles qui se rattachent à l'industrie, à l'administration, à la paix et à la guerre ; mais, par une dérogation exceptionnelle au principe de la séparation des pouvoirs, je ne relève plus, dans la presse, de la loi qui a des règles fixes et des limites déterminées, de la loi que le juge applique partout et toujours de la même manière. Là, je suis soumis à une appréciation individuelle qui varie avec les circonstances comme avec les hommes et dont je ne puis jamais savoir ni la cause, ni la mesure.

Je suis électeur à tous les degrés ; mais quand j'ai épuisé mon droit d'élection, je ne suis plus rien dans l'Etat, ni directement, ni indirectement ; et je deviens, même dans la personne de mes représentants, tout à fait étranger à la gestion de mes intérêts matériels et moraux. Il y a, il est vrai, depuis le 24 novembre 1860, un jour, une semaine dans l'année, où je puis dire à la tribune, par la bouche de mes mandataires, ce que je pense des agents du pouvoir et des actes du Gouvernement ; et ma voix alors retentit dans la France entière. Mais je sais d'avance que mon opinion ne sera d'aucun poids, n'exercera aucune influence sur la marche des affaires publiques. Cette conviction, qui me décourage, m'ôte jusqu'à la force, jusqu'à la volonté de tenter un effort que je sais être sans but, puisque je sais qu'il sera sans effet.

En un mot, j'ai toutes les libertés, excepté la vraie liberté, la liberté politique, source commune d'où découlent toutes les autres, la liberté politique, sans laquelle il n'y a pas d'esprit public.

L'esprit public, en effet, s'affaisse et s'éteint, dès qu'il cesse de se retremper et de se fortifier dans les luttes quotidiennes de la presse et de la tribune, qui sont le forum des nations modernes.

L'esprit public, c'est le ressort des âmes, c'est le levier des intelligences. Je m'en aperçois aujourd'hui, où deshérité de ce ressort et de ce levier, pour m'être dépouillé de la liberté politique, je me sens plongé dans une invincible torpeur physique et morale, qui m'envahit insensiblement dans toutes les branches de l'activité humaine.

Nous nous sommes trompés, vous et moi, lorsque, le 10 décembre 1851, au lieu de fonder, sous la puissante égide de votre popularité et à l'ombre de votre génie, l'alliance définitive de l'ordre et de la liberté, nous avons momentanément sacrifié l'une à l'autre. Nous ne voulions tuer que l'anarchie ; nous avons tué l'esprit public.

Quand je m'applaudissais d'étouffer les voix des tribuns et de briser les plumes des pamphlétaires, je ne prévoyais pas ce funeste résultat de la suppression de la liberté politique : la mort de l'esprit public.

Le remède est pire que le mal. On combat les tribuns et les pamphlétaires avec la raison, avec la loi, s'il le faut ; et il n'y a pas d'armes pour vaincre l'inertie d'une nation que ses institutions ont désaccoutumée de toute initiative, et qui a désappris à agir en désapprenant à penser.

Cette inertie n'est pas seulement funeste au pays qu'elle livre à la merci des événements ; elle est plus funeste encore au pouvoir qu'elle abandonne à ses propres et uniques forces.

Il y a longtemps qu'on l'a dit : On ne s'appuie que sur ce qui résiste. Cet axiôme est vrai : L'expérience l'a prouvé. Elle a prouvé qu'un système de gouvernement qui a pour but et pour résultat de briser toute force de résistance, tue, du même coup, toute force d'appui, et que le prince qui se félicite aujourd'hui de ne rencontrer aucun mouvement d'opinions qui l'entrave, peut se désespérer demain de ne trouver aucun faisceau de volontés qui le soutienne.

C'est ce qui est arrivé en 1814 à Napoléon Ier, d'immortelle mémoire. Tour à tour victorieux de tous les souverains d'Europe, pendant dix-huit années consécutives de puissance et de gloire, un jour, cependant, parvenu au sommet des grandeurs, il fut vaincu par la coalition de ces souverains que la vengeance avait réunis contre leur vainqueur et, en rentrant dans ses États, il y trouva les étrangers qui l'y avaient précédé.

Les ennemis de l'Empereur étaient aussi ceux de la France. J'étais avec lui de cœur et de sentiment, et, dans mon patriotisme, je voulais me lever tout entier en armes pour l'aider à les chasser du sol de la patrie. Je voulais lui rouvrir les portes de sa capitale et le ramener triomphant dans son palais.

Mais comment faire entendre ma voix au milieu du tumulte des batailles et de l'agitation des esprits? Muette depuis de longues années, l'opinion publique n'avait pas d'organes accrédités qui fussent accoutumés à parler avec franchise et qui osassent dire la vérité à tous et sur tout, si bien qu'il me fallut, malgré moi, refouler ma pensée dans mon âme attristée par le spectacle douloureux de mes humiliations et de mes misères.

D'ailleurs, comment me concerter d'un bout à l'autre de la France. D'où recevoir un mot d'ordre? Où chercher un centre d'action? Autour de qui et autour de quoi me grouper? Il n'existait pas de corps, sorti de mes entrailles, dont je fusse habitué à considérer la volonté comme étant l'expression de ma propre volonté et que je puisse accepter pour guide. Il n'existait pas de Parlement dont le cœur battit avec mon cœur et qui me renvoyât du haut de la tribune, dans sa patriotique parole, l'écho puissant de mes propres aspirations.

Les éléments de l'esprit public étaient partout; mais il n'y avait pas de regard pour les découvrir, pas de main pour les rassembler. Ils existaient, et pourtant, dans l'impossibilité où ils étaient de se reconnaître, ils devaient rester inconnus à eux-mêmes et inutiles à la cause impériale comme à la cause nationale.

Ah! si un seul cri tombé de la tribune et répété par la presse, m'eût appelé à la défense du trône et de la dynastie dont le salut se confondait avec le salut de la France, dont l'honneur s'identifiait avec l'honneur du pays, avec quelle ardeur, avec quelle spontanéité j'aurais couru me ranger sous les aigles de l'Empereur.

Ce cri, que j'ai vainement attendu, il aurait été jeté, soyez-en bien convaincu, si une Chambre eût existé, dont la passivité n'eût pas usé l'énergie et éteint le patriotisme, et, redit par une presse indépendante, ce cri eût fait fuir l'étranger et sauvé la couronne de Napoléon Ier.

Mais une seule initiative eut la faculté de se produire dans la consternation universelle. Ce fut celle du Sénat, et ce grand corps, que votre glorieux prédécesseur s'applaudissait naguères d'avoir façonné à la servilité d'un écho de sa pensée, ne fit acte d'indépendance que pour faire acte de trahison envers son souverain et envers le pays.

Des courtisans qui avaient toujours tremblé devant le pouvoir, devaient en venir, par la force de l'habitude, à courber le front devant les drapeaux de l'étranger et à baiser la main des ennemis de la France !

Tel fut, au jour des revers, le résultat de la double impuissance à laquelle les Constitutions de 1800 et de 1804 avaient condamné la Tribune et la Presse; tel fut le fruit d'un système qui, en supprimant du mécanisme gouvernemental, l'entrave de la liberté politique, en avait aussi supprimé l'appui de l'esprit public.

Je sais que les temps sont changés. Je ne redoute ni révolution ni invasion.

Votre règne n'aura jamais à traverser la grande et terrible crise qui a renversé Napoléon Ier, tombé devant l'étranger et non devant le pays.

Votre trône est également à l'abri de tout danger de révolution. Votre gloire et votre popularité, mon amour et mon dévouement, vous protégent en commun contre les factions intérieures.

Mais votre fils n'est qu'un enfant. La Providence peut l'appeler un jour à porter, jeune encore, ce poids du sceptre, si léger pour vos mains exercées, si lourd pour des mains inexpérimentées.

Dans les périls de sa situation, dans les orages de son avénement, quand ce fils cherchera autour de lui des forces où s'appuyer pour combattre les factions renaissantes et les passions réveillées, n'aura-t-il pas à regretter profondément de ne plus rencontrer dans la nation cette puissance de l'esprit public qui aurait été son soutien le plus sûr et le plus efficace ?

Je serai fidèle d'intention à votre dynastie. Mais étranger depuis longues années au gouvernement du pays, saurai-je découvrir, saurai-je déjouer les manœuvres des partis, moi déshabitué de toute lutte politique, de toute tactique électorale, moi qui aurai désappris à suivre un mot d'ordre indépendant ?

De vaillantes épées et des cœurs dévoués se presseront autour de la personne de Napoléon IV.

Mais quand votre haute initiative, qui supplée aujourd'hui à toutes les initiatives, aura disparu de la scène du monde, où seront les hommes d'Etat formés à la lutte des partis dans la grande école des assemblées délibérantes, exercés au maniement des hommes dans la longue pratique des affaires publiques, ayant l'habitude de penser de leur propre mouvement et d'agir sous leur responsabilité ?

Comment composer une majorité qui soit faite à la discipline et qui sache avoir une volonté, poursuivre un but, défendre une situation, sous des chefs acceptés de tous, à raison de leur ascendant universel et de leur capacité reconnue ?

Ce ne sera pas trop cependant de tous les éléments réunis dans un commun effort de défense du trône impérial, pour combler le vide immense que vous aurez laissé.

C'est en vain que ce trône est élevé sur les larges assises du suffrage universel et de la volonté nationale. Il sera longtemps encore menacé par les trois grands partis qui se disputent l'héritage d'Henri IV et de Louis XIV : la légitimité, l'orléanisme et la république.

Des abîmes d'idées et d'intérêts séparent ces partis. Si chacun d'eux se présentait isolément sur les champs de bataille de la politique, montrant sa vraie couleur et arborant son vrai drapeau, leurs manœuvres viendraient échouer contre la popularité de votre dynastie, sans même l'ébranler, comme les vagues de l'Océan viennent mourir contre les rochers des falaises, sans même les entamer.

Mais momentanément coalisés et fusionnés dans un même but de renversement des pouvoirs établis et des lois existantes, ces trois partis se lèveront comme un seul homme pour combattre Napoléon IV. Ils se lèveront, couverts du même masque, du masque de la Liberté, la seule force que vous leur ayez abandonnée, car c'est le seul bien que vous leur ayez laissé à offrir à la France.

Croyez-moi, ôtez au plus vite aux factions cette seule force, cette dernière arme. Rendez, sans retard, au pays, la liberté politique, afin que n'ayant plus rien à désirer, il n'ait rien à recevoir de personne, et que vos ennemis n'aient rien à lui apporter.

Je vous en supplie, dans l'intérêt de votre fils, dans celui de mon repos, préparez-nous à l'un et à l'autre, dans le présent, un avenir facile.

N'écoutez pas les conseillers, bien intentionnés, mais mal inspirés, qui vous disent de laisser à Napoléon IV le mérite d'accorder à ses sujets, comme don de joyeux avénement au trône, la liberté politique. Ressuscitez-la dès aujourd'hui, afin de reconstituer à temps, pour lui, l'esprit public.

La liberté politique est comme tous les instruments de ce monde. Elle ne sert qu'à la condition que les mains qui la manient en aient appris l'usage.

Ce n'est pas en un jour qu'on crée un esprit public : ce n'est pas davantage à l'improviste qu'on forme des hommes d'État d'initiative et des majorités parlementaires actives.

Ce sont là des résultats qu'on ne peut demander qu'au temps ; car ils sont le produit de la longue pratique, de la sincère et complète expérimentation d'un régime qui assure l'action combinée de la Tribune et de la Presse sur le Gouvernement comme sur le pays.

Il n'est donné à aucun homme, il n'est donné à aucun pouvoir qui n'a pas semé, à l'avance, la liberté politique, de récolter, à temps, l'esprit public. Napoléon Ier en a été, en 1815, la preuve éclatante. Instruit alors à l'école du malheur, éclairé par l'expérience du passé sur les funestes effets d'un système qui avait accoutumé l'opinion au silence et la nation à la passivité, il voulut relever la Tribune et débâillonner la Presse : il publia l'*Acte additionnel aux Constitutions de l'Empire.*

Cet acte renfermait le germe de la monarchie parlementaire, puisqu'on y trouvait inscrit au frontispice le principe qui est la base de tout le mécanisme du gouvernement du pays par le pays, le principe de l'irresponsabilité du souverain et de la responsabilité des ministres : c'était donc la résurrection de la liberté politique et, par conséquent, la renaissance de l'esprit public.

Mais l'heure était mal choisie : le temps seul pouvait féconder cette pensée salutaire; seul il pouvait lui donner la vie en lui donnant la maturité. Le temps lui manqua et Napoléon Ier ne recueillit aucun fruit de sa trop tardive sagesse.

Promulgué à l'heure de la victoire et de la force, *l'acte additionnel aux Constitutions de l'Empire* aurait prévenu 1814; décrété à l'heure du péril, il ne pouvait empêcher 1815.

Je vous en conjure : mettez à profit cette leçon de l'histoire. Fondez dans les jours de paix et de prospérité que vous faites à la France, la grande et forte alliance de l'Ordre et de la Liberté. C'est dans le calme d'un règne éprouvé qu'il convient de façonner le pays aux luttes d'une tribune prépondérante et d'une presse indépendante, afin qu'il y soit fait quand viendront les agitations et les dangers d'un nouveau règne.

Quel temps sera plus favorable que le vôtre à cette éducation parlementaire de la France, à cette acclimatation de la liberté politique réconciliée, sous votre suprême direction, sous votre glorieux patronage, avec l'ordre social.

Qui aura la même sagacité pour suivre et comprendre les mouvements de l'opinion publique? Qui aura le même ascendant pour inspirer et diriger l'esprit des majorités parlementaires? Qui peut mieux que vous enfin éloigner les périls et assurer les avantages de cette épreuve tôt ou tard inévitable ?

C'est ainsi que Napoléon Ier avait compris son rôle en1815, et c'est la mission qu'il se serait donnée, s'il n'eût pas été vaincu sur le champ de bataille de Waterloo. Revenu de ses fausses préventions contre la monarchie parlementaire, il aurait préparé le règne constitutionnel de son fils, appelé à mettre en pratique la fameuse maxime de l'Angleterre : LE ROI RÈGNE ET NE GOUVERNE PAS; car il en était enfin venu à comprendre que cette maxime préservatrice est le paratonnerre qui détourne de la tête des souverains la foudre des révolutions.

Les tempêtes de 1830 et de 1848 ne sont pas, ainsi que le prétendent des courtisans dont les polémiques de la Presse troubleraient la quiétude, des favoris dont les débats de la Tribune constateraient l'insuffisance, un démenti donné par l'expérience à cette vérité : elles en sont au contraire la confirmation.

Charles X et Louis-Philippe Ier, en effet, ne sont tombés du trône dans l'exil que parce que, méconnaissant les vraies conditions de la monarchie selon la Charte, ils s'efforcèrent de substituer, le premier par la force, le second par la corruption, le gouvernement personnel au gouvernement de la majorité.

J'ai mes défauts comme j'ai mes qualités. Je suis mobile et passionné. M. de Polignac m'irritait. Je voulais un changement de cabinet, afin d'obtenir une modification de régime. Mais je ne songeais pas le moins du monde à un renversement de dynastie et de gouvernement. Si Charles X se fût conformé à la doctrine constitutionnelle de la Charte de 1814, en sacrifiant M. de Polignac au vœu de la majorité, il n'y aurait pas eu de révolution de 1830. Je l'ai renversé, parce qu'au lieu de ne rencontrer devant moi que le ministre, j'ai rencontré le Roi.

Si Louis-Philippe Ier n'eût pas imité Charles X, en employant des procédés d'une autre nature ; si, rusant avec l'opinion publique, il n'eût pas faussé la représentation nationale, afin de conserver M. Guizot pour conserver le système dont cet homme d'État n'était que l'avocat officiel, il n'y aurait pas eu de révolution de 1848. Je l'ai détrôné, parce que la politique dont je ne voulais plus, n'était pas celle du ministre, mais celle du Roi.

Ne vous arrêtez donc pas aux paradoxes des sophistes qui, comprenant mal le suprême enseignement des soudaines et terribles catastrophes de 1830 et 1848, voudraient sacrifier la sécurité permanente de votre dynastie à la sécurité passagère des ministres de votre règne ; marchez hardiment jusqu'au bout dans la voie de liberté que le décret du 24 novembre a ouverte ; n'hésitez plus, je vous en supplie, et, plus heureux que Napoléon Ier, qui m'a concédé par nécessité, dans le trouble et la guerre, l'acte additionnel du premier Empire, donnez-moi, sans contrainte, dans l'ordre et la paix, l'acte additionnel du second Empire.

J'ai l'honneur d'être, avec un profond amour,

Sire,

de Votre Majesté,

le très-fidèle et très-obéissant serviteur,

LE PEUPLE FRANÇAIS.

Paris, imprimerie de L. Tinterlin, 3, rue Neuve-des-Bons-Enfants.